Carolina Vale Quaresma

Ajudem-me Pais, Quero Dormir!

Guia Mega prático sobre como ajudar o seu filho a adormecer bem

Carolina Vale Quaresma
Terapeuta Familiar
Especialista em Sono e Comportamento Infantil

Mentoria de Autor
César Ferreira

Design Gráfico e Ilustrações
Marta B Sousa

Fotografia da contracapa
Silvia Martinez

1ª edição Setembro de 2020
ISBN 978-989-33-0711-3
© 2020 por Carolina Vale Quaresma

Ajudem-me Pais, Quero Dormir!

Guia Mega prático sobre
como ajudar o seu filho a adormecer bem

Ao meu avô Adão,
que me amou incondicionalmente.

ÍNDICE

AGRADECIMENTOS

Agradeço a Deus, criador de um mundo tão perfeito onde tenho o gosto gigante e viciante de viver.

Agradeço à cegonha que me deixou à porta da minha mãe Laide e avós Eulália e Adão. Não podia ter escolhido melhor "porta", melhor família.

Agradeço a todos os amigos que tenho: aos que vibram com as minhas vitórias e projetos como este, que me empurram para a frente e me puxam para cima. Para os que contam comigo e eu sei que posso contar, seja a que horas for.

Agradeço àqueles que entraram e saíram pelas mais variadas razões. Muitos deles por motivos ainda por explicar, mas que fazem parte da minha história - aprendi muito com vocês, obrigada.

Agradeço aos que me ajudam a crescer diariamente. A tornar-me mais e melhor.

Agradeço-te a ti, Diogo, que transformaste a minha vida. És braço direito, és rim, és o meu dedo mindinho. Fazes parte, és parte. Tens

sido fonte de força, de fé e de foco. Como é bom e fácil amar-te.

Agradeço à Madalena e à Carminho pelo respeito nas horas de inspiração, ou tentativa, por dormirem bem (Eh! Eh! Eh! Não foi sorte!), por me terem de alguma forma escolhido. Obrigada Cegonha da Carminho, sou-te muito grata.

Agradeço a todas as famílias que me inspiram e incentivam a cumprir esta missão. Às que confiam a vossa família a mim. Não imaginam o quanto vos admiro.

Agradeço à Nathalia, madrinha deste projeto. Foste a pessoa que mais me ajudou a perceber qual era o meu verdadeiro caminho.

Agradeço à equipa CVQ, pela energia boa, pela inspiração diária, pela alegria em todos os momentos. Por todas as decisões que ajudam a tomar e a humildade com que encaram cada desafio de coração e (com)paixão. Edna, Carina, Sofia e Raquel, Luísa (também já és parte), Pinha e Diogo #estamosjuntos.

Agradeço ao César Ferreira, que tantos Bestsellers vê "nascer". Sem ti, não poderia servir desta forma e sou-te muito grata por isso.

Agradeço à artista-energia que decorou, embelezou e deu ainda mais alma a esta obra. Marta Sousa, minha linda, não podia realmente ter feito melhor escolha. És brilhante.

Agradeço a mim por sonhar e fazer acontecer. Por acreditar. Pelo meu compromisso. Pela minha integridade e por querer viver, ser e fazer mais e sempre melhor.

Agradeço à vida que tenho e àquela que me foco em ter.

CARTA AOS PAIS

Querida Família,

Eu sou a Carolina. Não sabem a alegria que é estar em vossa casa e ter a oportunidade de ajudar a vossa família a ser uma família mais descansada, mais segura e mais feliz.

Eu sei que os tempos têm sido difíceis, cansativos. Acredito que o nascimento do vosso filho tenha um sabor agridoce. Se por um lado a sensação é das mais incríveis, por outro é também das mais desafiantes.

A privação de sono está, sem dúvida, no top três das maiores dificuldades em família e, muitas vezes, as suas consequências são avassaladoras.

Gostaria antes de mais de agradecer a oportunidade de me terem escolhido para esta tarefa nobre que é ajudar o seu filho a adormecer sozinho.

Grata por me permitir fazer parte dessa vossa equação e melhorar as vossas vidas. Admiro-vos muito.

Este livro foi escrito com todo o carinho. É um livro que tem tudo para ajudar o seu filho a adormecer sozinho, por isso, irá fazer com que toda a família descanse o que precisa, não é maravilhoso?

Provavelmente ainda se perguntará como pode apenas o facto dele aprender a adormecer sozinho fazer tanta diferença nos sonos aí de casa.

O sono dos bebés e crianças são compostos por ciclos de 45 minutos, sendo que os primeiros 15 minutos (mais ou menos) são de sono leve e os restantes mais profundo. O que acontece com frequência é que os bebés que não adormecem sem ajudas externas, precisam de chamar os pais para que os ajudem a adormecer de novo e de novo e de novo. O que provoca a famosa privação de sono severa. Em que acordam consecutivamente durante a noite e habitualmente fazem sestas bem curtas, com períodos longos de resistência contra o sono.

Como defende e refere a Sociedade de Pediatria do Neurodesenvolvimento: "É fundamental que a criança adquira desde cedo autonomia para adormecer, isto é, que seja capaz de adormecer sem a presença ou a interferência do adulto.

Durante a noite a criança passa por 5 a 8 ciclos de sono REM (Movimento Rápido dos Olhos) e sono não-REM. Na transição do sono não-REM (mais profundo) para o sono REM (mais leve) e durante o sono REM a criança pode acordar e readormece imediatamente.

Se a criança estiver habituada à presença do adulto para o primeiro adormecer, irá necessitar dessa presença várias vezes ao longo da noite, de cada vez que terá que readormecer."

Quando me dizem que "o processo não vai ser fácil Carolina", eu pergunto: "poderá ser o processo mais difícil do que a vida que têm levado até aqui? Tudo só pode melhorar e prometo que valerá tanto a pena".

Este "Ajudem-me pais, Quero dormir!" é um grito de ajuda do vosso filho. Provavelmente não sabem, mas eu tenho um compromisso bem sério com ele: na impossibilidade de ele comunicar, serei eu a sua porta-voz.

A minha missão é ajudar-vos pais queridos a melhorar a vossa vida e a dos vossos filhos, a vida da vossa família.

Aqui entraremos na cabecinha dele, vamos perceber o que ele pensa, como reage e como comunica. Há segredos escondidos só para pais especiais como vocês, há surpresas, há brincadeiras.

Este Bestseller é animado, mas acima de tudo para levar a sério. Preparem-se para ouvir a "voz" do vosso filho e aquilo que ele tem para vos dizer. Será ele a narrar este livro, de forma bem simples, como só ele sabe fazer.

Não o desiludam, até porque ele preparou para vocês um diploma final para os pais "bem comportados" que chegam ao fim.☺
Vai valer tanto a pena.

A vontade até pode ser de desistir. Guardar esta obra e metê-la na estante. Tudo bem para mim. E para vocês? Vamos mesmo continuar a decidir viver dessa forma, descontente, quando temos a solução nas mãos para viver mais e tão melhor? Não adiem. Não é uma fase. Não arranjem desculpas. Não deixem para amanhã.

HOJE é o momento. Hoje é o dia. Nunca desistam da vossa família.
Sejam felizes,
Beijinhos mil da vossa fã #1,
Carolina (Tia Carolina para os mais pequenos ☺)

PS: Coragem! Vamos avançar para o primeiro capítulo? ☺

PREFÁCIO

Os pais não têm a fórmula mágica para tudo mas, feitas as contas, às vezes parece! Ainda hoje digo muitas vezes que ver um filho a dormir é um bálsamo para a alma! Não só porque ficamos com um tempo só para nós, mas também porque todos percebemos facilmente o que uma noite mal dormida faz no dia de uma criança e dos pais.

Como mãe, vivi duas realidades muito diferentes com os meus dois filhos. O Tomás, depois de chorar com cólicas noite dentro durante dois meses e meio, um dia, como que por magia, adormeceu às 20h e acordou às 7 da manhã.

Fui várias vezes ao quarto ver se estava bem, acordei a noite toda na mesma à espera que ele acordasse a qualquer momento, mas nada. Ele decidiu que estava na hora, ou então foi Deus que me ouviu... Mas, a partir desse dia, dormiu sempre a noite toda na cama dele.

Dois anos depois nasceu o Pedro. Mais dois meses de choro noturno e de cólicas e depois mais uns meses a acordar constantemente sem motivo que eu entendesse.

Na altura li muitos livros, muitos blogues, adotei os "sons brancos" que o ajudavam a acalmar.

Foi preciso a Carolina lançar-me este desafio de prefaciar este livro para que me voltasse a lembrar com exatidão desses tempos.

Tudo passa, mesmo que às vezes pareça que não vamos aguentar nem mais uma noite. Aguentamos tudo estoicamente, com dores de cabeça, olheiras até à boca, sem saber onde fica a cozinha, com muito amor no coração.

Tudo passa, mas com estas dicas, passa bem mais depressa!

Um grande beijinho a todos os pais, obrigada à Carolina por dedicar a vida a ajudar-nos e um beijo a todos os filhos, que só precisam de ser ensinados. E amados.

Com todo o nosso coração.

Tânia Ribas de Oliveira

Ser uma família
+ FELIZ

Ser uma família + Feliz

Queridos pais,

São altas horas da noite. Desta vez levantei-me sem vos chamar, sem gritar, sem chorar e estou aqui em modo invisível, a escrever-vos, enquanto vocês aproveitam para descansar um pouco. Vocês descansam sempre à pressa.

Vim aqui para dizer "CHEGA"! Temos mesmo de falar nisto a sério. Eu sinto-vos tristes e cansados, pais. Cansados não! Como é que vocês dizem? Aquela palavra que começa com um "e"... eeeeeeeee é isso! EXAUSTOS! Vocês estão mega exaustos! Já olharam bem para vocês?

Oh mãe! Tu és tão bonita e acabas por nem ter tempo para te olhares ao espelho. Nem te apetece arranjar, nem nada. O pai anda completamente sem paciência, mesmo quando tenta disfarçar.

Vocês os dois discutem muito. Será mesmo assim esta coisa de ser "casal"? É normal discutirmos com o outro, é isso? Fico confuso, não fico feliz com isso. Parece-me demasiadas vezes e por coisas tão tontas que parecem dois amiguinhos meus lá da sala dos 3 anos.

Vejo as vossas fotografias aqui em casa e vejo-vos tão diferentes. Que arranjados estavam. Havia um brilho diferente nos olhos e gosto de vos ver juntinhos assim, mesmo quando parece que estou com uma crise de ciúmes. Vocês eram mais felizes naquela altura, é isso?

É que hoje não consigo ver isso. Vejo olheiras ao invés do brilho, vejo caras fechadas, cansadas e irritadas. WOW! Agora é que vi com atenção, vocês estão com mais "rugas de expressão" e tudo! E pior! Sinto-vos muitas vezes também meio perdidos, sem saber o que fazer. Especialmente comigo! Parecem "baratas tontas", como diz a avó _____________________ .

Vocês nem se sentam a aproveitar o sofá fofinho que nós temos. A mãe adormece logo. Às vezes adormece um no sofá e o outro comigo, porque passa imenso tempo até eu adormecer. Vocês nem se encontram, agora é que eu estou a ver.

Bom, decidi que hoje seria o dia de vos ajudar.

De vos ajudar, não! De NOS ajudar! Porque não sei se sabem, mas eu podia ser uma criança muito mais feliz. Caramba, claro que cansada faço mais birras! Ora essa. Até vocês! Então eu sou uma pessoa de _______________meses/anos e para estar bem precisava de dormir cerca de catorze horas num dia inteiro. E durmo tão pouco e com intervalos. A hora de dormir é uma seca e digo-vos mais, é um stresse.

Estou farto da hora de dormir. Tudo irritado. Eu bem tento estar bem--disposto(a) mas estou tão, mas tão exausto que não aguento e dá-me para gritar e espernear e exigir. Sim!

Segundo a Carolina Vale Quaresma, eu tenho a Síndrome da Presença Infinita. CALMA! Respirem fundo, ok? Isto não se pega uns aos outros como aquela coisa que aparece borbulhas no corpo e ficamos todos cheios de comichão. Isto é só um nome chique para dizer que eu exijo a vossa presença na hora de dormir e, pelo que eu percebi, é isto que faz com que eu não durma bem de noite e que vocês, claro, também não.

Percebem agora? Então é para isso que estamos aqui. Para resolver esta Síndrome da Presença Infinita, que nos causa esta privação de sono.

Chega de não descansar, de andarmos todos irritados e cansados.

Aqui está a nossa solução.

Eu sei que sou pequenino, mas preciso mesmo que vocês confiem em mim e, já agora, nesta tal de Carolina Vale Quaresma que ela sabe o que diz, pode ser?

Posso contar com vocês? Assinalem a resposta correta por favor.

Eh! Eh! Eh! Eu sabia que vocês não me iam desiludir! Aqui encontrarão tudo e "mais um par de botas" para conseguirem.
NÃO HÁ DESCULPAS!

Então meus queridos pais, há trabalhinho a fazer! Preparados?

Vou precisar que todos assinem este pequeno contrato que é o vosso compromisso de honra. Mostrem-me lá que a vossa palavra tem valor. Então vamos lá:

PS. - Conselho de filho para pais: vão buscar uma caneta porque vão precisar (pai, procura na mala da mãe porque, de certo, vais encontrar lá várias). Preencham tudo direitinho, risquem, tirem notas. Isto vai ser um álbum que vou querer mostrar aos meus netos, ok?

Feito? *Next adult step* é: Passar para o capítulo seguinte cheios de força! Isto de ser uma Família + Feliz vai ser tão, mas tão bom.

Amo-vos muito!

JURAMENTO

Nós, _________________________ e _________________________,
pais do(a) _________________________ , de _______meses juramos,
sem figas, que vamos levar as palavras do nosso filho muito a sério e
faremos o que ele mandar, sem questionar. Vamos confiar nele e na tal
especialista que ele tanto fala, a Carolina Vale Quaresma.

Prometemos ir até ao fim neste processo que vai acabar com a
nossa privação do sono e que vai fazer da nossa família uma família
muitooooooooo mais feliz. Que bem merecemos.

Só precisamos destes 3 cês: chocolates, coca-cola e chupa-chupas.
Estou a brincar! Precisamos mesmo é de: Consistência, Confiança e
Compromisso (escrevam isto num papel e colem na testa, please, para
não se esquecerem!)

Temos a noção que dormir bem nos faz bem e somos pais que leva
o sono a sério, que precisamos de dormir e ponto final parágrafo.
Vamos fazer isto pelo bem da nossa família que está muito cansada,
desorganizada e, muitas vezes, desesperada.

O nosso filho precisa de dormir bem, noites seguidas, boas sestas e ir
dormir sem dramas. E nós também já estamos para lá do nosso limite.

#estamosjuntos

_________________________, ______ de _________________ de _______

Amamos-te muito,

________________	________________	________________
(meu nome)	(nome da mãe)	(nome do pai)

Pais,
quem vos vai ajudar
SOU EU

Pais, quem vos vai ajudar sou eu

Queridos pais,

Quem vos vai ajudar sou eu. Sim, é verdade. Isto até me dá vontade de rir mas, de facto, se não sou eu a orientar esta família quem será? ☺

Chega de desculpas! Ora são os dentes, ora é porque tem medo do escuro e de estar sozinho, ora porque é só (mais) uma fase, ora porque é a adaptação, ora isto, ora aquilo e nada!

Ando cansado disto! Vamos resolver isto de uma vez por todas, boa? Eu ando preocupado.

Sabes que na minha escolinha eu oiço os adultos a falar sobre os pais dos meninos que se separam. Elas dizem que é por causa dos filhos. Porque eles não dormem. A Carolina diz a mesma coisa. Diz que já viu muitas famílias a caírem como se fossem castelos de cartas ou de areia, daqueles que fazemos quando vamos à praia da ________________. Ina! Eu fiquei assustado. Gostava que ficássemos juntos para sempre, mas felizes.

Ah! Ouvi também dizer que há pais que ficam tão, mas tão, cansados que nem se lembram de nada, nem trabalham como deve de ser, nem querem ter mais filhos. Tanta coisa que eu oiço que até me arrepio queridos pais. E não é isso que quero para nós.

É por isso que eu estou aqui a escrever-vos estas cartas. Pais, isto é mesmo importante para todos. Eu vou estar aqui com vocês até nos momentos que mais apetece desistir. Coragem!

Vocês para mim são seres fora do normal. São pessoas especiais. Nos dias do Pai e da Mãe os outros meninos dizem que têm os melhores pais do mundo. Baahahahahaha! Olho para eles e dá-me uma vontade de rir. Eles não fazem ideia que sou eu que os tenho. Penso sempre que eles estão todos enganados e baralhados naquelas cabecinhas. Os melhores pais do mundo são os meus e vivem na minha casa. Eh! Eh! Eh! Tenho tanta sorte. Vamos lá "oh melhores do mundo!" É hora de ser ainda mais e melhor.

Eu vou ajudar-vos também.

Ora registem aí, se faz favor, o número de horas que eu durmo AGORA, para mais tarde me mostrarem este "tesourinho" e eu ainda ser mais agradecido pela mudança que fizeram na nossa vida.☺

IDADE	Total de horas de sono em 24h	Horas de sono durante o dia	Horas de sono durante a noite
1 a 3 meses			
4 a 11 meses			
1 a 3 anos			
Até aos 6 anos			

CORAGEM!

Queridos pais, isto vai ser duro. Ah pois vai! Os 3 primeiros dias são os mais difíceis e é normal que se sintam ainda mais cansados. Acreditem. Valerá tanto, mas tanto, a pena.

Hey! Mas não estejam já assustados e com medo. Medo de quê? De ter uma vida melhor? De um miúdo como eu? Eu sou só um pequeno de _______ meses. Eu não faço mal a uma mosca. De dormir noites seguidas? De finalmente ter noites descansadas? Bons serões no sofá? Recuperar aquela vontade de viver e ser mesmo feliz, com o brilho nos olhos?

Já percebemos que isto aqui em casa não está nada de jeito e que precisamos de ajuda, certo? Então é isso que vamos fazer. Como diz a Carolina, vamos lá "fazer acontecer" isto! Esta é a hora.

Eu adormeço com a vossa ajuda. Foi sempre assim, mais ou menos, não foi? Ora à maminha, ora ao colo, ora com embalo, seja como for. Então, nunca aprendi a fazê-lo sem vocês. Eu nem durmo descansado, durmo em alerta. Já sei o que se vai passar quando eu adormecer.

Pais, lembram-se quando me ensinaram a bater palmas? Como ficam contentes quando eu finalmente consigo rebolar no tapete sem ajudas, por exemplo? No fundo é isto que vamos fazer e aquilo que vamos conseguir juntos será **GIGANTEEEEEEEEEEEEEEE**! Têm ideia do bom que vai ser? Dormir?! Dormir maravilhosamente bem? Wow!

Preciso de vos avisar sobre várias coisinhas. Há muitos adultos como vocês que acham que isto é tudo um grande disparate e que não se ensina a dormir, porque deve ser natural bla, bla, bla, mas já vimos que não é, certo? Olhem para nós! Olhem para vocês! *Yuck.* Isto de natural não está a ter nada.

Ou o natural é ser infeliz em família? É não descansar? É andarem todos cansados e aos gritos uns com os outros? Talvez o natural seja, na verdade, ter muitas saudades dos tempos de solteiros. É não terem tempo para pensar em fazer outros manos (Sim pais! Já percebi que aquilo da cegonha afinal não é bem assim mas isso é tema para outra carta!)? Será que o natural é então isto? Uma criança agitada como eu a fazer birras porque sim e porque não. E vocês a fazer as vossas birras também.

NÃOOOOOOOOOOOOOOOOOOOOOOOOOOO!

Natural é dormir bem e vocês sabem que às vezes não o consigo fazer sozinho. Preciso da VOSSA AJUDA. Por favor, AJUDEM-ME LÁ!

Ai, há pessoas que dizem mais coisas, para mim, tontas como estas, tipo que vocês me estão a abandonar? *WHAT?* Os meus pais? Nunca! Eu sei que não. Vocês amam-me imenso e nunca me fariam isso. Eu confio em vocês. Eu sei que estou num sítio que conheço, seguro e vocês estão ali, já ali comigo! Esqueçam lá isto a que se chama de "qualquer coisa" contra isto.

Vocês terão a oportunidade de estar no quarto comigo durante o processo. *How good is that?* É TOP mesmo. Vou sentir que estão ali, mas atenção! Isso não me impede de vos fazer a vida difícil. Eh! Eh!

Eh! Não se preocupem. Eu confio em vocês e naquilo que estão a fazer, mesmo que não pareça.Oiçam! Eu li e vi sobre tudo e mais alguma coisa. TUDO! E a Carolina está certa. Não tenho dúvida que dormir sem a vossa ajuda vai fazer toda a diferença. Precisamos todos disto!

Ui a questão do CHORO! Bom, esta temos de falar mesmo muito bem, pais. Quando é que vamos perceber que é a única forma que eu tenho de vos dizer o que quero, o que sinto? Às vezes sinto que não posso chorar, ou melhor, neste caso, não posso falar. Gostavam que eu vos metesse uma fita na boca como nos filmes dos ladrões para vocês não falarem? É como eu me sinto.

CHORAR É NORMAL, ok? Vamos escrever isto e espalhar pela nossa casa? Chorar é bom. Às vezes é porque estou com raiva, frustrado porque vocês não fazem aquilo que eu digo (quando é assim eu grito!). Eu sei que impressiona, mas pais não se preocupem muito com isto. Eu estou a dizer "Hey! Faz aquilo que eu quero, ou eu vou gritar até desistires!".

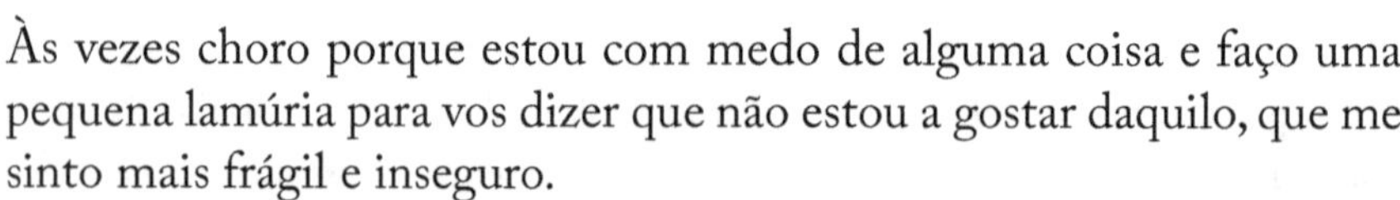

Posso chorar porque estou triste e digo-vos mais, pai e mãe: isto é raro acontecer. Eu sou uma criança feliz e só me falta dormir mais e melhor para não me sentir tão frustrado o tempo inteiro.

Às vezes choro porque estou com medo de alguma coisa e faço uma pequena lamúria para vos dizer que não estou a gostar daquilo, que me sinto mais frágil e inseguro.

E reparem que até de alegria se pode chorar. Pode se vocês me deixarem!

Deixem-me chorar. Eu vou chorar. Juro que vou chorar, mas é porque preciso. Porque vou querer e vou precisar de comunicar com vocês.

Vou gritar. Eu vou gritar. Juro que vou gritar, mas é porque preciso.

Porque vou precisar de comunicar com vocês, de vos dizer que estou cansado, que me estão a contrariar, que eu não quero e PONTO FINAL. Mas, no fundo, eu só preciso da vossa ajuda para fazerem aquilo que é preciso fazer. Pais-coragem? Estou a pedir a vossa ajuda para fazer este caminho. Vocês para mim são os meus professores da vida. Sou tão sortudo que a cegonha me deixou na vossa porta (apesar de já saber que não é bem assim).

Vou-vos deixar aqui um dos segredos mais escondidos no mundo infantil. Ai céus, por favor, não digam a ninguém que eu revelei isto ou os meus colegas vão-se passar, completamente, comigo. O "Código das Lágrimas de Crocodilo e Afins dos Infantis" é claro. E o artigo 23/5, do decreto-lei número 123, do dia 2 de janeiro diz: "quem violar a lei do segredo e revelar os diferentes tipos de sons, que imitam o choro, pode ser severamente castigado, ficando sem doces durante um período a determinar".

Por isso, pais SEJAM RESPONSÁVEIS com esta informação preciosa, mas não resisti em partilhá-la com vocês. ☺

Vamos começar pelo **MANTRA**. Sabem o que é? Então é o som que eu faço mesmo para me embalar, com uma pequena vibração da garganta e muitos bebés fazem antes de dormir. É assim, uma espécie de "mmmmmmm", ou coisa do género. ☺

O que fazer? Nesta altura deixem-me sossegado. Significa que já estou a adormecer na boa, mesmo que fique assim 30 minutos, estou controlado. É como se eu estivesse a dizer "um carneirinho, dois carneirinhos, três carneirinhos, etc.".

O **RESMUNGAR**: som com a garganta (que vocês poderão até imitar com facilidade, ora experimentem lá imitar!), parece um conversar/palrar rabugento, com sons altos e baixos em que eu vou controlando, mas é feito para vocês lá irem, claro. Eu às vezes tenho a mania que quem manda aqui sou eu.

O que fazer? Esqueçam lá que eu existo. Se forem lá a probabilidade de eu ficar ainda pior é GIGANTE. Por isso, não compensa. Depois lá vou eu para o próximo "Gritar com chamar". O resmungar é como se eu dissesse "eu por mim não dormiria agora, tenho as pestanas pesadas mas apetece-me ficar acordado".

Ui o **GRITAR COM CHAMAR** importa esclarecer que: não é choro. Repitam comigo "NÃO É CHORO!". Muito bem. Não pode sequer ser considerado, não seria justo. São gritos, puros e duros, "secos".

O que fazer? Vão lá fazer o quê? O grito significa exigência e exigência gera birra. Aqui estou só armado em Xico esperto a dizer "tirem-me daqui já ou eu não pararei de gritar até virem. Quem manda aqui sou eu". Lá está, com esta idade a pensar que manda nisto tudo. Dah!

Este é dos meus preferidos. Vocês ficam malucos com este: o mais dramático de todos e o que mais incomoda e impressiona – **CHORO GRITADO**. Sinal claro de frustração: estou a ser contrariado e a detestar o que está a acontecer e, claro, como um bom guerreiro, estou a lutar contra isso. Estou a dizer "não é isto que quero!"

Exigência = birra = gritos = tenham sempre isto em consideração, dado que vai ser esta questão que vai fazer com que queiram desistir do processo. MAS ISSO NEM PENSAR, pessoal.

O que fazer? Não vão logo a correr, só porque parece que vou ter um colapso nervoso. Dar pelo menos uns 5 minutos que sejam, para que a mensagem que chega, não seja "sempre que fizeres isto, a mãe e o pai virão". Este tempo pode ajudar-me imenso.

Deste choro gritado podem resultar 2 coisas que habitualmente preocupam muito os pais: a rouquidão que é normal pela consequência dos gritos, como quando nós vamos a um concerto de música e/ou os soluços que acabam por fazer impressão. Contudo, o corpo está só a acalmar e a recuperar a normalidade. As birras aumentam as pulsações, o cortisol, o corpo enche-se de calor. Prometo que tudo ficará bem e tudo passará. O ser humano é rijo e está preparado para tudo isto. E isto será muito temporário.

CHORO CONTÍNUO E EMOCIONAL: como quando me magoo. Este choro é contínuo, intenso, com muitas lágrimas e momentos em que parece que se estão a engasgar. Não tem pausas e sente-se que é um choro sentido.

O que fazer? Vão lá ajudar-me. Quando um bebé/criança chora continuamente é porque estamos a precisar de vocês para nos acalmarmos. Habitualmente acontece nas primeiras 2 vezes que fazemos esta terapia de sono, depois começo a acalmar porque, na verdade, já sei o que se passa. Aqui eu digo tipo "agora a sério, não estou a conseguir sozinho   e isso está-me a deixar frustrado e muito irritado".

E, por último, o **CHORO GRITADO COM PAUSAS**: costuma ser quando eu quero dormir, mas sei que se acalmar adormeço. É uma luta terrível. Normalmente é o que faço antes de me deixar dormir. Acontece muito no carro também.

O que fazer? Epá, quanto menos atenção me derem melhor. A sério. A luta é comigo. Quanto menos coisinhas eu tiver a distrair-me melhor, porque só tenho de calar-me para dormir descansado. É uma luta contra o João Pestana que é um desgraçado, mesmo. Aqui eu estou a dizer "eu estou cansado mas eu não vou desistir, eu não quero dormir". As pausas de início parecem que são apenas para eu recuperar o fôlego e gritar mais alto. Mas em poucos minutos começo a fazer pausas cada vez mais frequentes e longas. Vão reparar, por você, se é ou não assim.

Vou deixar-vos aqui uma tabela sobre isto.

Wow, vocês têm mesmo um filho incrível que vos faz a papinha toda.

Eh! Eh! Eh! Mas sabem porquê toda a minha dedicação e esta cena toda? Porque eu quero a nossa família feliz e sabem que mais? Vou conseguir e vamos ser muito mais e melhor. Pumbas! Decidi, está decidido. Aliás, eu bem tenho a mania que mando nisto tudo.

Cheios de coragem? Façam uma dobra na pontinha da folha em cima, neste capítulo, e voltem aqui para ler e reler quando precisarem.

A nossa vida está quase quase a mudar para melhor.

Finalmente vamos ser uma família mais feliz e mais descansada.

O próximo capítulo também vos vai ajudar IMENSOOOOOOOO. Espreitem lá, se faz favor!

Ah! Mas antes, porque gosto de vos dar a papinha toda feita, resumi aqui os tipos de choro (que alguns até é ofensa chamar-lhes de choro, mas pronto), para ser mais fácil para vocês.

Há filhos muito queridos e eu sou um deles

Tipos de Choro

TIPO DE SOM/CHORO	O QUE É ISTO?	O QUE ESTOU A QUERER DIZER?	O QUE PODEM FAZER POR MIM?	NOTAS
MANTRA	Som de embalo, vibração na garganta	"Um carneirinho, dois carneirinhos, três carneirinhos, etc."	Deixem-me sossegado	Estou numa boa
RESMUNGAR	Som com a garganta, parece um conversar/palrar rabugento, com sons altos e baixos	"Eu por mim não dormiria agora, tenho as pestanas pesadas mas apetece-me ficar acordado"	Deixem-me sossegado	Mau maria...

GRITAR COM CHAMAR	Não é choro, são gritos, puros e duros, "secos"	"Tirem- me daqui já ou eu não pararei de gritar até virem. Quem manda aqui sou eu"	Vão lá fazer o quê? O grito significa exigência e exigência gera birra	Estou a enervar-me.
CHORO GRITADO	Sinal claro de frustração	"Não é isto que quero"	Dar 5 minutos, para que a mensagem que chega não seja "sempre que fizeres isto, a mãe e o pai virão"	Estou frustrado.
CHORO CONTÍNUO E EMOCIONAL	Este choro é contínuo, intenso, com muitas lágrimas e momentos em que parece que se estão a engasgar	"Agora a sério, não estou a conseguir sozinho e isso está-me a deixar frustrado e muito irritado"	Vão lá ajudar. Quando um bebé/criança chora continuamente é porque está a precisar de vocês para o acalmar.	Estou descompensado.
CHORO GRITADO COM PAUSAS	Costuma ser quando eu quero dormir mas sei que se acalmar adormeço	"Eu estou cansado mas não vou desistir, eu não quero dormir"	STOP! Não se mexam, please. Eu estou numa luta com o João Pestana mas prestes a ceder. Aguardem só mais um pouco pode ser?	Estou a deixar-me dormir.

HISTÓRIAS
de famílias
como a nossa

Histórias de famílias como a nossa

Queridos pais,

Adoro esta parte: as histórias felizes. Faz lembrar os livros que lemos antes de dormir. E vocês sabem que eu gosto muito de histórias. Leiam estas com muita atenção. E poderão encontrar mais histórias destas. Algumas parecem mesmo a nossa família.

O que gostariam de escrever à Carolina no final quando já estivermos todos a dormir bem?

Pais, de qualquer forma, deixo-vos aqui algumas histórias que eu mais gostei. Algumas porque realmente são muito parecidas com a nossa. Vamos ser uma família como elas, tenho a certeza.

Recomendo a 200% a Carolina. Além de uma profissional de excelência é um ser humano fantástico. Ainda estamos na luta, é certo, mas as mudanças estão à vista... e em todos os momentos em que pensas desistir percebes que não estás só!!
Carolina eu sei que ainda falta muito. O caminho é longooooo mas **MUITO OBRIGADA**, principalmente por nunca me deixar só e nunca me deixar desistir! Obrigada por se preocupar sempre com o meu ♡ (o que sinto, o que penso, o que quero) e pela força!
Ahh e dormir é tãooo bommmm...

Com a ajuda da Carolina, deixámos de acordar a cada 2 horas e passámos a dormir a noite inteira!
A Maria e os pais agradecem imenso a ajuda!

A Carolina foi só a pessoa que mudou a minha vida. Com a ajuda dela comecei a viver a maternidade tal como idealizei.
Obrigada por me devolveres noites tranquilas e tornar a nossa família, numa família muito mais feliz.
Obrigada por ajudares famílias a viverem em harmonia.

A Carolina mudou as nossas vidas. O nosso bebé não dormia a noite toda e para adormecer era uma eternidade.
Passado 2 semanas vimos as diferenças... começou a adormecer sozinho e a dormir 10h por noite. O objectivo eram as 12h... e já conseguimos!
Aconselho a todas as famílias cansadas procurarem a Carolina. Hoje somos muito mais felizes. Obrigada ♡

Daqui a uns tempos somos nós a falar assim. Não é maravilhoso? Já vibro com esse momento! ☺

AQUI ESTÁ
um segredo
escondido

Aqui está um segredo escondido

Queridos pais,

Estamos prestes a colocar em prática aquilo que vai ser uma grande aventura nas nossas vidas. Para que tudo corra sobre rodas, vou contar-vos uma coisa ao ouvido: "há um segredo escondido que é tão tão importante e que vai garantir que eu comece a dormir bem. Noites inteiras, sestas boas, sem despertares de hora em hora. Agora eu vou dar-vos pistas para vocês descobrirem. Eh! Eh! Eh! Boa sorte!

Qual é a coisa qual é ela que é a base de uma relação, seja entre amigos, seja entre pais, entre pais e filhos?
C________________________a

Que palavra pode substituir um "dever assumido"?
C________________________o

Quando uma coisa é repetidamente feita, torna-se muito sólida e firme.
O que será?
C________________________ a

Boa! Foi muito fácil, não foi? O segredo do nosso sucesso é: a **açnaifnoc, ossimorpmoc & aicnêtsisnoc.**☺

Estas 3 palavrinhas são mega importantes no processo todo. Eu conheço-vos, confio em vocês e sei que estão comprometidos ao ponto de tornar esta missão num projeto consistente.

Bom, amanhã já colocaremos tudo isto em prática. Ou seja, hoje o vosso trabalho de casa é, no fundo, prepararem-se e preparem-me dizendo-me o que vai acontecer a partir de amanhã. Mal posso esperar!

Tipo assim:
"Bom, a mãe e o pai decidiram que estás crescido e já não precisas de nossa ajuda para dormires. Por isso, vamos fazer a magia acontecer e acabaram-se as ajudas. Sabemos o que é melhor para ti e isto não é. Confia em nós que vai correr tudo mui bien. A partir de amanhã, tudo será diferente".

Pais, lembrem-se sempre que têm o capítulo das "histórias de famílias como a nossa" para vos ajudar quando estiverem mesmo prestes a desistir, ok? Mantenham-se fortes e firmes que eu garanto que vai compensar e ser bom para todos.

Sabem, há tantas famílias a dizer isto que estou mesmo convencido de que pode não ser tão fácil como comer tremoços e descascar amendoins, mas eu acho que também não pode ser assim tãooooooo difícil. ☺ Força!

VAMOS A ISTO?
Hoje é dia de Fazer Acontecer

Vamos a isto? Hoje é dia de Fazer Acontecer

Queridos Pais,

Pais, eu vou chorar, eu vou gritar e espernear. Sei que vão ficar preocupados que os vizinhos chamem a polícia, mas sabem que mais? Foquem-se em nós que é o que realmente importa. Quanto ao drama que eu estou a fazer... É normal, mas é temporário. Em breve, eu serei um Senhor na hora de deitar. Tenham paciência comigo!

Gostava mesmo que tivessem a noção da importância que esta missão tem para mim e para vocês. Se continuarmos assim eu estarei, quase de certeza, condenado a ser uma criança, depois um adolescente, depois um adulto muito ansioso, muito inconstante, muito nervoso e como diz a professora do outro "os miúdos agora não se concentram, não conseguem estar quietos, não sabem ouvir, não conseguem memorizar nada de nada." O sono está diretamente associado a estas maluquices e eu sei que vocês não querem isto para mim, muito menos eu.

O caminho nem sempre é fácil por aquilo que a Carolina me disse e aos outros pais. Mas todos dizem que, ainda assim, não é mais difícil do que viver como estavam a viver. Como NÓS temos estado a viver.

Porque é difícil e não é para todos? É só para SUPER PAIS como vocês? Porque eu choro e vocês detestam ouvir-me chorar. Pensam que eu não sei? Ah! Ah! Ah! Eu sei tudo sobre vocês.
Vocês nem sabem o que eu sei. ☺

Bom, vamos lá mas é começar isto em breve, que mal posso esperar por dormir como deve de ser e sentir-me bem comigo mesmo. Ah! E ver a mãe bem bonita de novo, vocês todos bem-dispostos.

Na próxima carta já não haverá desculpas e é para colocar a mão na massa. Eh! Eh! Eh! (Ainda nem acredito que eu vos estou a encorajar para isto, mas enfim, EU SEI QUE VALE A PENA!)

Vou dormir que já me doem as mãozitas. Amanhã escrevo mais.

Adoro-vos muito.

Amo-vos imenso.

Nunca se esqueçam disso e só quero o vosso bem.

Do vosso: _______________________

PS: Eu não vou gostar nada desta mudança de início, mas já sonho com o dia que dormimos todos bem. Vai ser TOP. Beijinhos. Vou sonhar com isso!

Força, fé e foco

FORÇA! Vamos lá. Vocês são uma referência de força para mim. São os meus Super-Heróis capazes de tudo. Eu estou bem. Acreditem em mim.

Estou refilão e grito que me farto porque estou cansado e estou a detestar que não façam o que eu quero, mas sabem que mais? Eu não sei o que é melhor para mim, vocês sim. E ainda lamento dizer, mas isto é só uma birra como tantas outras, que irei fazer ao longo da minha vida, quando me contrariarem. Quando me disserem que não posso ter aquilo que eu quero, naquele momento.

Aproveito e peço já desculpa por isso. Nem imagino as vergonhas que vão passar. Mas olhem, faz parte.

Ajudem-me a ultrapassar isto, please! 😊

Por falar nisso, até já pedi à Carolina para escrever um livro sobre "Birras", ela diz que é uma boa ideia e que vai pensar nisso com muito carinho. Depois ofereço-vos um.

Relembro que podem consultar a Carta aos Pais se vos faltar as "forças nas canetas".

Não tenham medo. Isto é, enfrentem o medo.

Medo de quê? De mim?

Não há razão!

Hoje é dia de Fazer Acontecer

(Grande suspiro e não é daqueles cheios de açúcar)

Queridos Pais,

Como está essa energia? A minha está em baixo. Estou cansado bolas! E por isso, partilho com vocês a troca de e-mails com a Carolina. Ela enviou-me tudo, como ela diz "tim tim por tim tim" para ficar bem claro.

Eu confesso que ainda nem li, para não me assustar Ah! Ah! Ah! mas eu sou só um ser humano pequeno. Vocês é que são os grandes aqui e são fortes que se farta, a mim ainda me falta comer muita sopa de feijão para ser como vocês.

Deixemo-nos de conversas tontas e vamos ao que interessa. Deixo aqui o acesso às mensagens da Carol (para os amigos). Pais, ela disse-me mesmo que, para funcionar, é só fazer uma coisa simples: confiar nela que ela sabe o que faz. GUD LAQUE!

Ah! Outra coisa importante e digam lá que a Carolina não é um amor? É que terão acesso às técnicas para TODAS AS IDADES. É verdade! Ou seja, pode funcionar com o mano também. Com todos! ☺

Pais, vamos lá arregaçar as mangas. Hoje é o GRANDE DIA! O dia em que eu irei adormecer sozinho. Nesta fase, vocês já devem estar a sentir-se mais preparados e tranquilos, embora esse nervosinho seja normal. Vamos a isso? Coragem que vai correr tudo bem! Escrevam aí no calendário porque esta data é importante para a nossa família.

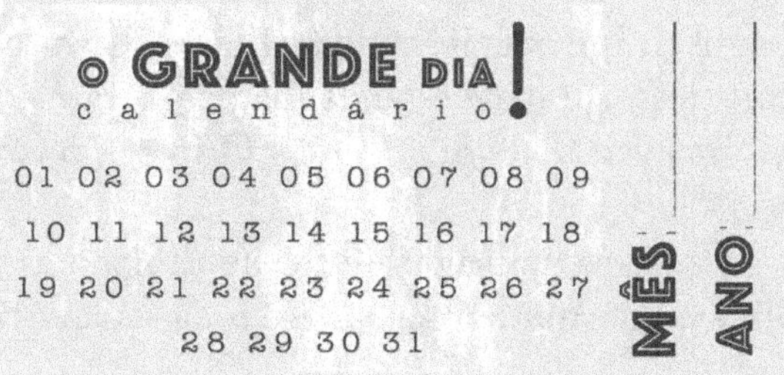

Mensagem #1 da Carolina
Assunto: "Rotinas de sono" & "Rotina diária"

Querida Família,

Obrigada por estarem desse lado. Fico tão, mas tão, feliz de estarem aí. Achei mais fácil ser tudo explicadinho por mim. ☺

Parabéns pelo filho que têm aí. Ele é incrível e vai ficar ainda mais depois de dormir bem.

Vamos fazer acontecer? #estamosjuntos!

Uma rotina é algo que fazemos sistemática e consistentemente. No caso dos bebés e crianças, ao contrário do que podemos pensar, eles não gostam de surpresas.

Para um bebé tranquilo é essencial que ele perceba e saiba o que vai acontecer. Como tal, ter rotinas é uma "chave" para que tudo corra tranquilamente.

Essas rotinas devem ser bem definidas por vocês. Sabemos muitas vezes o quão é difícil, ou porque estamos cansados do trabalho, do stresse diário, do trânsito ou das inúmeras atividades domésticas que ainda têm para fazer. O vosso desejo para que o vosso dia tivesse 48 horas aumenta, sendo certo que não era pedir muito se, dessas horas, 7 fossem destinadas para poderem dormir e descansar...em silêncio!

Por isso é possível introduzir rotinas diárias sem problemas ou confusões. Sem stresse ou mal- estar. A ida para a cama do vosso filho não tem de ser uma versão de Star Wars - O Império Contra-Ataca!

Esqueçam os banhos, as massagens e ter de tirar horas para garantir que o vosso filho vai dormir bem e a noite toda – não é por aí.

Vamos separar aqui a **"rotina do sono"** com a **"rotina diária"** do bebé.

Entenda-se "rotina do sono" aquela que o bebé faz no momento que antecede cada ida para a caminha.

A rotina antes do sono deve ser, pelo contrário, rápida e clara – até 10 minutos em 5 passos:

1. *Ir para o quarto com luzes baixas*
2. *Trocar fralda/pijama*
3. *Ler uma história ou cantar uma pequena canção*
4. *Apagar luzes*
5. *Kiss, deitar and GO!*

Proponho que deem o leite antes da banhoca, se for o caso, ou na sala, com luz e barulho, antes de deitar. Depois sim, iniciamos a "rotina do sono".

Vamos dizendo enquanto ainda estamos na sala que são horas de dormir. A frase deve ser curta e clara "São horas de dormir" enquanto caminhamos para o quarto, o tom da nossa voz começa a diminuir, assim como as luzes.

No quarto baixamos as luzes, se necessário vestimos o pijama, trocamos a fralda, ao mesmo tempo que cantamos uma canção ou lemos uma história, se for bebé e criança de berço sentem-se no chão no tapete fofinho ou numa cadeira no quarto.

É hora de deitar mas também é hora do miminho, um abracinho, um beijinho e claro "amo-te muito. Até amanhã" será perfeito. Um momento tranquilo é ótimo.

Se quiserem, pai e mãe, poderão estar presentes, sintam-se à vontade.

É mesmo de evitar a TV, ecrãs que estimulam de forma negativa o cérebro dos mais novos. Tudo o que seja estar Zen e tranquilo será o ideal. Um livro basta, um no máximo e uma canção também. Para tudo isto precisamos no máximo de uns 10 minutos. Não convém que se prolongue mais do que isso, nem é necessário. Vão juntos apagar as luzes para que o quarto fique escuro.

Um ambiente escuro favorece a produção de melatonina, a hormona responsável pelo sono, então faz sentido que não haja inibidores por ali, como a luz para que o bebé ou criança possa dormir o mais descansado possível. Para além de evitar problemas futuros de medos do escuro. Até esse medo somos muitas vezes nós que lhes passamos. Interessante, não é?

Bom, depois vem a parte mais aguardada... o momento em que depois de apagar a luz deitamos no bercinho o bebé e/ou criança acordado. Isto é regra d'ouro.

Quanto à "rotina diária", é super importante para que se possam organizar, super útil até para marcar consultas, por exemplo. Para toda a família, ter uma rotina adequada é uma ajuda bestial no geral.
Saber quantas horas deve o vosso filho dormir ajuda muito, assim como, o intervalo de tempo entre sestas... Acaba por ser determinante para que o vosso filho seja um bebé mais bem disposto e vocês mais relaxados também.

Vamos conhecer, para as diferentes idades, as **HORAS NECESSÁRIAS** para fazer um **BEBÉ E CRIANÇA FELIZES**, durante 24 horas:

- ♡ **1 aos 3 meses: 15-17 horas**
- ♡ **4 aos 11 meses: +/- 15 horas**
- ♡ **1 aos 3 anos: +/- 14 horas**
- ♡ **até aos 6: +/- 13 horas**

"Para facilitar e vos dar ainda uma melhor noção da "rotina diária", ora espreitem lá, por favor, o vosso Kit SOS (página 79) 😊
São apenas "horas-referência", sim? Para que possa servir de guia para de alguma forma vos orientar, boa?"

Nota muito importante:
As rotinas são excelentes, mas como tudo o que é demais deixa de fazer sentido, não é saudável quando nos transformamos ESCRAVOS dessas rotinas. É maravilhoso quando se tem consciência de que há dias que serão diferentes. Logo, se fugir à rotina, pontualmente, está tudo bem.

Mais importante que tudo isto é conhecer o vosso filho a ponto de perceberem as suas necessidades e ainda serem consistentes, especialmente na forma como eles adormecem. Seja férias, seja em passeio, seja em noites de Natal. Isso será sempre o mais importante! 😊

Vou dar-vos alguns minutos para "digerirem" esta informação e em breve enviarei outra mensagem sobre as técnicas a utilizar.
BOM DESCANSO.

Beijinho grande Família linda e OBRIGADA por estarem desse lado a confiar.

Respeito-vos muito.
Da vossa fã #1, Carolina ♡

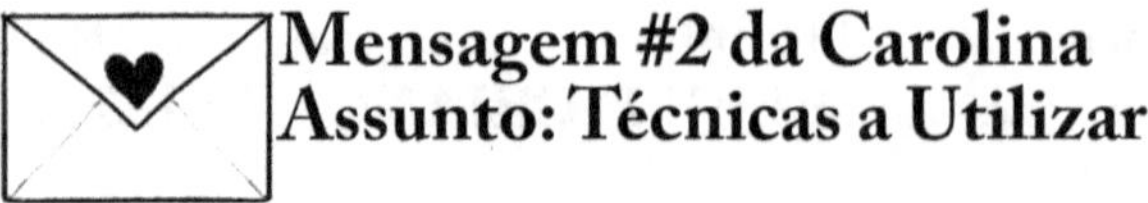

Mensagem #2 da Carolina
Assunto: Técnicas a Utilizar

Olá Família mais querida,

Chegou a fase de falarmos sobre cada idade e as técnicas propriamente ditas.

Vamos aprender como se adormece sem a ajuda dos pais? (Fiz por tópicos para ser mais fácil perceberem e ficar tudo claro para todos).

Alguns conselhos: ter um monitor, com ou sem vídeo ajuda muito no processo; na altura de fazer o som "sshhh", pode ser bom levar um dispositivo móvel, com o som do youtube, por exemplo, basta escrever no YouTube *white noise shh* ou, **em português: barulho branco**.

É um som hipnótico, repetitivo, tranquilo que faz com que o vosso rebento acabe por se distrair dos barulhos exteriores, incentivando nele um estado bom de relaxamento que promove a sua soneca.
Mas ATENÇÃO, utilize este som apenas como recurso, como explico na técnica. ☺

Desta forma, não ficam tão cansados e podem estar focados noutras ações.

NÃO SEJAM CRIATIVOS, por favor, não inventem.

Eu sei que tudo isto funciona.

Confiem em mim ♡

REGRAS D'OURO:

- Segurança e consistência – quanto mais ele sentir isso de vocês, mais fácil se tornará para ele também;
- Evitar sempre o contacto visual e palavras com ele;
- Fazer um esforço de SUPER MÃE E PAI para não ceder;
- Entender que o vosso filhote precisa muito de dormir, por ele e por vocês - a vossa sanidade mental e desenvolvimento saudável dele, depende de vocês;
- Acreditar de coração que isto é para o bem de todos;
- É importante os pais perceberem que isto é um trabalho de amor-próprio e por vocês.

Chegámos até aqui.

Então, aqui teremos todas as estratégias organizadas por idades.

Dos 2 aos 4 meses:

Sim! É pequenino, mas é possível aplicar rotinas ao seu bebé e que ele as entenda, o que é maravilhoso.

- Vamos começar por repetir uma frase-chave do tipo "São horas de dormir", por exemplo, antes e durante a preparação para ir para a cama. Qual vai ser a nossa frase-chave, já pensaram nisso?

Escrevam-na aí
(não se esqueçam que deve ser uma frase curta e clara):

____

____

____

- Criar um ambiente ideal para o sono (ver "rotina do sono"), seja sestas ou noite: Luz baixa, sempre a mesma música, no seu berço, repetir a frase-chave e deitar esse pequenote acordadinho no berço.

- O momento em que o deitamos deve ser bem curto, sem hesitações para que ele não sinta a nossa insegurança se for o caso. ☺ Por isso, recomendo que lhe deem uma beijoca e o deitem, sem grandes aconchegos, tapa daqui, tapa dali. Ser rápido aqui é muito importante. Deitar e sair.

- Deixar o quarto. Aguardar no mínimo 5 minutos (bebés de 2 e 3 meses) a 8 minutos (bebés de 4 meses). Por favor, olhem mesmo para o relógio, porque 1 minuto parece 100 horas.

- Este tempo é de referência, ou seja, tudo depende da forma como o bebé está. Se estiver em choro contínuo/emocional (se tiver dúvidas em perceber o tipo de choro vá à tabela no capítulo "pais, quem vos vai ajudar sou eu", pode ser uma grande ajuda) ir sem aguardar este tempo. Se, por outro lado, está a resmungar, ou num "choro gritado", aguardar será bastante importante. Tem dificuldade em perceber o choro? Ah ok, não se preocupe, é uma situação comum. Têm a descrição de cada choro no capítulo "pais, quem vos vai ajudar sou eu", pode ser muito boa ideia ir lá de novo

- Que fique claro que este tempo é precioso e não é deixar chorar. Este tempo ajuda-o a desenvolver a capacidade de se autoacalmar. Sem este tempo as nossas ajudas serão em vão porque terá muito mais dificuldade em se acalmar.

- Se sentir que é melhor ir acalmá-lo, virá-lo de lado, com a mão nas costas e repetir "ssshhh" ou outro *white noise* que ele goste, com firmeza. É possível que ele esteja irritado e vemos isso também pelo movimento frenético, agitado das perninhas e dos braços, de um lado para o outro.

- Se a irritação persistir, , proponho que o virem de costas para vocês e segurem com as vossas duas mãos, uma sobre os braços a outra sobre as pernas do bebé, pressionando o braço que fica em cima e a perna de cima, dando a segurança que ele necessita.

- Depois de tentar fazer isso, por cerca de 20 minutos, se vir que ele está ainda irritado, pegar nele, para o acalmar. Quando se acalmar (não mais do que 2 minutos no colo), deitá-lo novamente, sair do quarto e repetir o processo com os mesmo tempos e referências.

ATENÇÃO: Isto deve ser como último reforço, senão a criança vai "lutar" sempre para ter o colo no final. Muitos deles, assim que vão ao colo, adormecem imediatamente. Acabamos por estar a dar as mensagens erradas e isso não ajuda ninguém. ☺

- A nossa ideia é fazer o desmame das maos e do ssshhh. Por isso, sempre que ele estiver a acalmar, retirar as mãos lentamente por forma a adormecer sem as nossas mãos lá. Depois o som "sshhhh" poderá manter até ele adormecer. Nos primeiros 3 dias fique até ele adormecer sem problema.
- Se o choro estiver alto, mas depois baixe, não aconselho a interferir, porque ele está no bom caminho e em breve estará a dormir e parabéns a vocês: Essa pedra preciosa ADORMECEU SEM A VOSSA AJUDA!

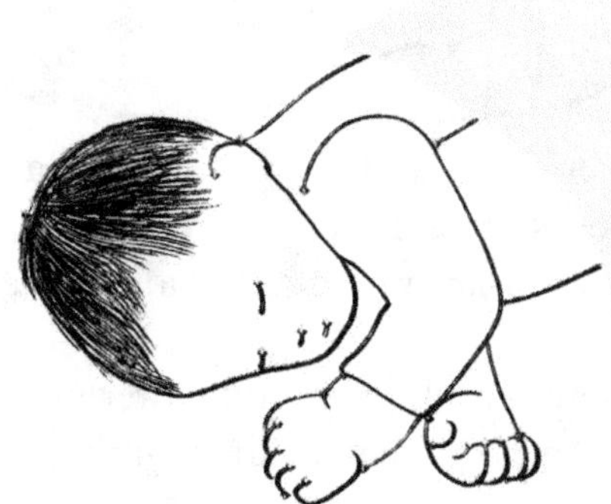

Seguimos para os bebés um pouco mais crescidos.

Dos 5 aos 7 meses:

- É exatamente o mesmo sistema que está em cima, com a diferença de que devem aumentar o tempo que aguardam até ir ao quarto. Com esta idade 12 minutos será o ideal, mais coisa menos coisa.
- Lembre-se sempre que este tempo é apenas uma referência. Podendo ser mais ou menos, dependendo da forma como ele está. ☺

Dos 8 meses até se levantar do berço:

- Aguardar cerca de 15 minutos (ver relógio) - porque 1 minuto vai parecer 100 horas.
- Esta idade pode ser muito exigente. Já têm uma maior noção do que se passa à sua volta e têm uma maior convicção daquilo que querem. Por isso, muitas vezes acabam por não aceitar a ajuda dos pais.
- Paciência e persistência são necessárias. Se prejudicar a sua presença lá, eu não aconselho a ir. Lembre-se sempre que a nossa função é ajudar. Se estivermos a complicar será melhor dar um passo atrás e ficar apenas a observar de longe.

Desde que é um bebé que já se levanta do berço até estar na cama (normalmente dos 10 meses até aos 2 anos):

- A preparação numa criança destas idades é super importante.
- Ou seja, dizer-lhe, se possível, até no dia anterior que "a partir de amanhã a mãe e o pai não ficarão com ele até ele

adormecer. Estão em casa todos juntos, mas que ele já é muito crescido e que já não é preciso."
- Dizer também que poderá levar um boneco à escolha para dormir ao lado dele (ele que escolha um).
- Anunciem o que vai acontecer e não perguntem se pode ser.
- A vossa confiança é determinante no entendimento dele no processo e na aceitação também.
- Depois da "rotina de sono", vamos deitar o filhote no berço e, se ele se levantar tipo "mola", de repente, da cama (há enormes probabilidades de isso acontecer!), volte a deitá-lo.Deem um passo atrás no berço e, se voltar a levantar-se em "mola", deite-o de novo e repita isto por mais ou menos 15 vezes.
- No final destas 15 vezes saia do quarto e procure aguardar 5 minutos.
- Se ele continua a levantar-se, entrem no quarto e repita o processo de o deitar de novo e repetir as 15 vezes.
- É comum que na primeira noite o processo dure muito mais tempo e tenha de repetir todo o processo cerca de 5 vezes. Faz parte. Ele está a aprender. Vamos ser pacientes e persistentes, boa?
- Podem alternar entre vocês, ou seja, pai e mãe podem e devem alternar. Nos primeiros dias, pode ser bom dar prioridade a quem se sinta mais confiante no processo, sem problema. Interessa que os dois tenham a mesma forma de operar 😊
- Quando já não se levantar do berço, mesmo antes de completarem as 15 vezes, sair do quarto.
- A ideia será passar-lhe a mensagem de que é hora de deitar para dormir e não que estarão ali até adormecer.

Importante: há eventos aqui que podem acontecer no processo, especialmente no primeiro dia:
- Pode puxar a tosse e consequentemente o vómito. Se

acontecer vomitar aconselho a entrar no quarto, mudar a roupa e o que for preciso e repetir todo o processo, incluindo o abracinho antes de dormir e dizer "são horas de dormir meu amor" e deitar.

- Pode acontecer também tentar saltar do berço. Neste caso é preciso estar atento para garantir a segurança dele. Nesta situação ir lá sem dizer nada sobre isso, voltar a deitar e repetir o processo, mesmo que não tenham feito os 5 minutos cá fora.
- Esta consistência é tudo o que ele precisa.☺

A partir dos 3 anos e já em "cama de crescido":

MUITA ATENÇÃO: nesta idade vai haver imensos pedidos: "Mãe, quero água!", "Pai, quero fazer xixi!", "Mais uma história". Tudo isto acaba por atrasar a ida para a cama. Então sugiro o uso e abuso da palavra "NÃO!". Isso será importante para começarem a ter este momento como um momento gerido por vocês, adultos, e não o contrário. Verão que tudo correrá muito melhor.

Vamos então começar.

- A preparação numa criança desta idade é super importante.
- Ou seja, dizer-lhe, se possível, até no dia anterior que "a partir de amanhã a mãe e o pai não ficarão com ele até ele adormecer. Estão em casa todos juntos, mas que ele já é muito crescido e que já não é preciso."
- Dizer também que poderá levar um boneco à escolha para dormir ao lado dele (ele que escolha um).
- Anunciem o que vai acontecer e não perguntem se pode ser.
- A vossa confiança é determinante no entendimento dele no processo e na aceitação também.

- Vamos explicar-lhe o Jogo da Cadeira.☺Prontos?

- Nessa noite, vão colocar uma cadeira/banco, como vos der mais jeito, no quarto.
- A cadeira na primeira noite fica perto do berço, mas sem contacto físico, diria que no fundo da cama, seria o ideal. Na segunda noite já entre o berço e a porta; Por fim, na terceira noite, a cadeira vai andar para mais perto da porta. Sendo que na quarta noite a cadeira sai do quarto.
- Nessas 3 noites fiquem no quarto até ele adormecer, sem problema.
- Uma vez que a cadeira saiu, mãe ou pai saem também.
- Mudem a cadeira sempre com ele presente para ele ter a noção da mudança.
- Procurem que ele entenda bem o que vai acontecer todas as noites e que veja a cadeira a ser desviada para cada vez mais perto da porta do quarto.

Vamos fazer isto todas as noites até que a cadeira saia. Mesmo nas sestas.

- Se ele não aceitar bem e começar a sair da cama ou a

fazer resistência, vamos dizer que iremos sair e saímos mesmo – isso é o mais importante. Se a seguir ele se continuar a levantar, fechar a porta é uma hipótese excelente, porque garantimos que o "jogo" dele acaba. Se por qualquer motivo, não quiser fechar a porta, seja na mesma persistente e paciente, sem ceder. Deite-o as vezes necessárias, mas procure sempre sair do quarto e entrar quando necessário.

Relembro que é possível que ele peça água, para fazer xixi, mais uma história, a mão. Não cedam. Garantam que bebe água antes de deitar, que faça xixi, tudo isso, para não ficar insegura(o) sim?

E se acordar a meio da noite o que faço? O mesmo SEMPRE! Nesta idade não se justifica leitinho a meio da noite. Salvo raras exceções se não comeu durante o dia, por alguma razão.

EH! Eh! Eh! Penso que está tudo o que é preciso para fazer acontecer. Ah! Não, esperem! Deixem-me dizer-vos para irem espreitar o miminho que tenho para vocês. Pode dar muito jeito nesta fase e mais não digo. ☺

Vão ser mais descansados, mais felizes em Família. Merecem tanto. Tão bom!

Depois gostaria mesmo que me dessem o vosso testemunho lá na página, pode ser?

Muito obrigada pais mais queridos.

Meu querido pequenote até já. Depois ligo para saber como estão.

Adoro-vos! Sou vossa fã #1 ♡

Pais, agora só aqui para nós:

Guardem este Bestseller para os meus filhos e netos ok? Que isto vai salvar-me a vida, literal e duplamente.

Não sintam coisas más, nem tontas. Esqueçam a culpa, esqueçam a sensação desconfortável. Como vos disse, os primeiros dias são, de facto, os mais duros. CLARO! Estamos a quebrar um hábito, por isso é normal e expectável que eu não adore. Lógico, não é? Eu sei que vocês estão aí para mim.

Podem até sentir que eu não sinto isso e que irei ficar chateado com vocês. Prometo que isso não acontecerá.

O nosso amor uns pelos outros, nem a Cruella de Vill, aquela malvada, consegue destruir. Sei tão bem que fazem isto para o bem de todos.

Ah! Os primeiros dias são mesmo "lixados" (ups não estou certo que possa dizer este tipo de palavrinhas aqui. Mas saiu e já está! Eh! Eh! Eh! Sorry!), pode parecer que choro que me farto, grito que é um disparate, que passo o dia na cama e ainda que não brinquei nada.

No fundo pareço um esfarrapado, desgraçado. Boa notícia? Não sou! Hey! Sou o vosso filho de sempre a tentar aprender o que me estão a ensinar. Simples, sem dramas, ok?

YES! Já somos uma família + Feliz

Wow! Parabéns Pais!

Queridos Pais,

Eu sabia que vocês eram os pais mais corajosos do mundo. Vocês não sabem, mas quando eu vos imagino visto-vos sempre uma capa de Super-Heróis e a noite de hoje foi uma prova disso! Não imaginam o quanto eu estou orgulhoso de vocês. Nem imaginam o amor que eu sinto. E o orgulho.
Vamos ver agora como me porto no resto da noite. A recomendação é a consistência, lembram-se?

Então peço que quando eu acordar esta noite, se acordar, por favor, esperem. Parem e pensem. Não vão a correr logo, como costumam fazer. Tenham calma e olhem para o bendito relógio. Custa, mas pior é se lá forem logo, por isso compensa. Se estiver só a rabujar nem é preciso irem. Deixem-me lá ver se eu consigo fazer "boa figura" e dormir sozinho. Eh! Eh! Eh! Vou tornar-me um "pro" nisto.

O pior já passou! Estejam seguros do que estão a fazer. Sintam-se aliviados e corajosos por estarem a ir em frente com algo que é tão valioso. Foquem-se na vitória. Sei que se devem estar a sentir exaustos, mas deram um passo gigante na nossa vida enquanto família e agradeço-vos já por isso.

Se for preciso olhem para a carta que fala sobre os choros. Façam o pino, façam um chá de camomila, mas aguardem. Depois só há uma coisa a fazer: o mesmo! Sempre o mesmo para eu perceber bem e de forma clarinha como a água o que é que eu preciso de fazer. :)
Conto com vocês?

Outro conselho é: trabalhem em equipa. Se para um é mais difícil, o outro avança com tudo. Músculos nisso pais. Eu sei que vocês conseguem. Não tenho a menor dúvida e qualquer dia eu agradeço-vos com um grande abraço. Por agora uns sorrisos dizem "Obrigada pais! Amo-vos muito. São os meus campeões".

GRATIDÃO!
A nossa vida deu uma volta de 180 graus

Sabem que senti que quando foram hoje ao meu quarto pela manhã o vosso sorriso ia de uma orelha à outra orelha. Bolas, nunca vos tinha visto sorrir assim dessa maneira.

Apesar de ainda terem olheiras, já me parece que é por dormirem demais hehe. Pais, se vocês estão felizes, eu estou feliz. Estou tão grato.

Grande jornada esta hein? E o tempo que vocês adiaram para fazer isto. Foi preciso vir um miúdo de________meses/anos para vos ajudar. Bom, de qualquer das formas, que diferença boa tem tido nas nossas vidas? Será que agora já posso ter um irmão? Já não dou trabalho, já durmo sozinho no meu quarto que adoro, já durmo a noite inteira seguidinha, a mãe até já anda muito mais bem-disposta e o meu pai menos rezingão ☺

Meu Deus, como era a nossa vida antes disto.

Há uma vida depois destas Cartas de Amor para vocês e uma vida depois que só agora começou. Claro que terá desafios. Claro que sim. Mas este já está e já foi ultrapassado com sucesso. TOP!

E a Carolina terá outros Bestsellers com temas a não perder tenho a certeza. Ela é fã #1 de famílias felizes e eu sou fã #1 da nossa família e dela também. Que ajuda do melhor. Isto é melhor que todos os brinquedos juntos.

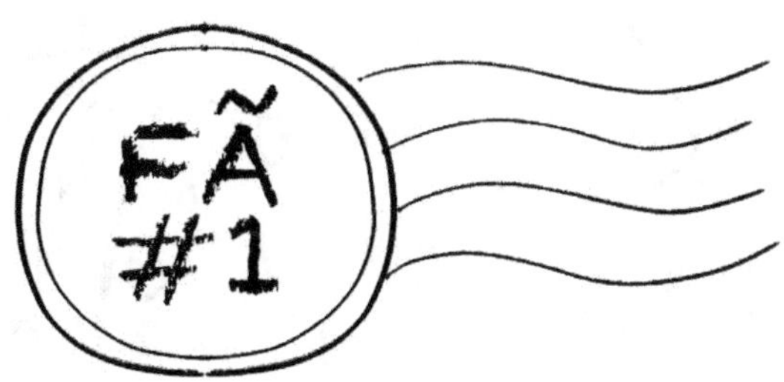

Quando me lembro que vocês andavam sempre tão bem dispostos e eu sempre mariquinhas. Às vezes enganava bem e até parecia super bem-disposto mas estava todo "podre" de sono. Até reduzi o número de birras, já viram?

O João Pestana via-se "negro comigo" . O tempo que demorava na luta para adormecer. Dormia tão poucas horas e sempre com paragens malucas pelo meio. Lembro-me de vos ver e sentir o vosso desespero e cansaço.

Tudo mudou! Mas que bom. Que bom! Que bom! Estamos tão felizes.

Aproveito este momento para dizer que vocês são a melhor família do mundo. E eu tenho muita sorte. Sinto que agora podemos ser todos mais felizes, mais descansados, mais unidos, mais confiantes e mais saudáveis.

Uma Família + Feliz

Vocês já voltaram a ver a página em que falavam da vida antes de dormir?

Aproveitem e leiam a minha lista boa de coisas! Finalmente, e como diz a Carolina, somos uma família + feliz.

Lista de coisas bem boas:

- Os pais estão mais bem-dispostos
- Os pais já têm o serão para sentar no sofá
- Os pais já têm tempo para eles
- Os pais amam-me ainda mais agora que durmo bem
- Os pais andam mais pacientes
- Os pais já não discutem
- Os pais já falam num mano
- Os pais estão aliviados
- Os pais comem melhor e juntos
- Os pais voltaram a ter brilho nos olhos

(vou deixar um espaço para vocês escreverem)

____

____

____

- A casa está quase toda arrumadinha
- A casa está mais organizada
- A casa está mais cheirosa
- Eu estou bem-disposto
- Eu, afinal, adoro dormir
- Eu estou cheio de vontade de aprender

- Eu estou muito mais concentrado
- Eu já gosto de andar de carro
- Eu amo os meus pais assim
- Eu tenho tempo para memorizar o que aprendo todos os dias
- Eu estou a guardar boas memórias dos meus pais felizes
- Eu faço menos birras
- Eu como melhor
- Eu sou feliz

A prova de que estou super orgulhoso e agradecido por tudo o que fizeram por mim, por nós, pela nossa família, é este diploma. Vá pais, toca a imprimir e colocar no quarto. Pode ser?

Há vitórias que devem ser relembradas todos os dias e todas as noites.

Encorajo cada pai e mãe aí desse lado a fazer como os meus. Acreditem que os vossos filhos vos irão agradecer para sempre o que fizeram por eles. Eu agradeço todos os dias aos meus.

Sejam felizes em família!

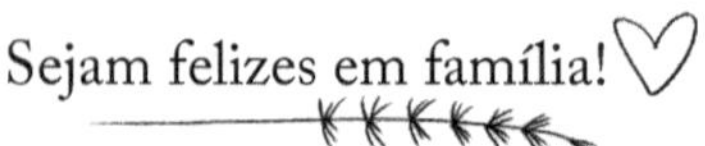

Diploma

Os melhores pais do mundo,

____

ajudaram o seu filho (a)

____

a adormecer sozinho (a).

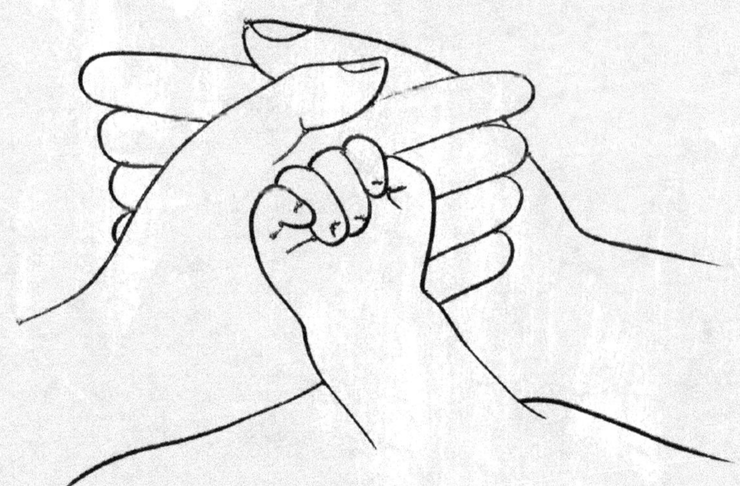

Parabéns 🏠

São uma família bem mais feliz.

Tia Carolina,

Carolina Vale Quaresma ♡

KIT SOS

Para recordar:

IDADE	Total de horas de sono em 24h	Horas de sono durante o dia	Horas de sono durante a noite
1 a 3 meses			
4 a 11 meses			
1 a 3 anos			
Até aos 6 anos			

Para orientar:

As **HORAS NECESSÁRIAS** para fazer um **BEBÉ E CRIANÇA FELIZES**, durante 24 horas:

- ♥1 aos 3 meses: 15-17 horas
- ♥4 aos 11 meses: +/- 15 horas
- ♥1 aos 3 anos: +/- 14 horas
- ♥até aos 6: +/- 13 horas

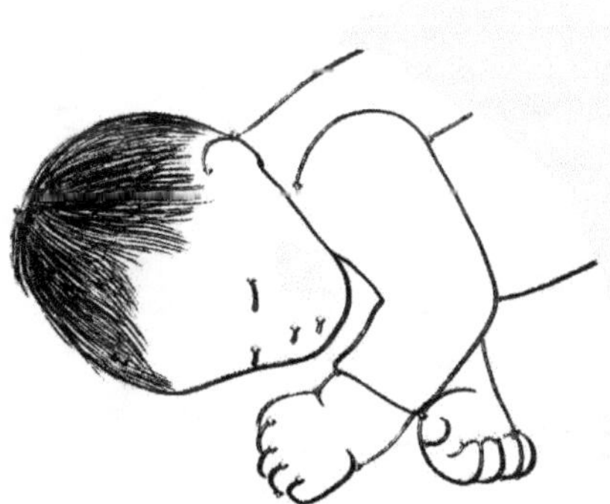

A rotina antes do sono deve ser rápida e clara – até 10 minutos em 5 passos:

1. *Ir para o quarto com luzes baixas*
2. *Trocar fralda/pijama*
3. *Ler uma história ou cantar uma pequena canção*
4. *Apagar luzes*
5. *Kiss, deitar and GO!*

Para cumprir:

REGRAS D'OURO:

- Segurança e consistência – quanto mais ele sentir isso de vocês, mais fácil se tornará para ele também;
- Evitar sempre o contacto visual e palavras com ele;
- Fazer um esforço de SUPER MÃE E PAI para não ceder;
- Entender que o vosso filhote precisa muito de dormir, por ele e por vocês - a vossa sanidade mental e desenvolvimento saudável dele, depende de vocês;
- Acreditar de coração que isto é para o bem de todos;
- É importante os pais perceberem que isto é um trabalho de amor-próprio e por vocês.

Para Acalmar :

- Técnica "A Dois Custa Menos" - Abrace o seu companheiro com força e agradeça-lhe. - esta é das técnicas que mais resulta neste tipo de missão em família.
- Técnica do "Cheira a Flor, Sopra a Vela" - Inspire pelo nariz. Pare 3 segundos (conta mentalmente até 3), solte a respiração expirando pela boca. E repita pelo menos 10 vezes.
- Técnica do "Tea-Time" - Ferva água e coloque a água numa caneca, escolha uma infusão ou erva, se for de camomila melhor.
- Técnica do "Aperta" - Encontre um objeto mole e fofo e vá apertando repetidamente.
- Técnica do "Pensa Positivo" - Repita para si ou em voz alta "vai correr tudo bem. Vai correr tudo bem." várias vezes ao longo do processo.

Rotinas diárias - Dos 2 aos 4 meses

8h Bom dia! Hora de Acordar 🙂
8.30h Leite | Brincar
9.30h Primeira Sesta (1.30h depois de acordar)
11.30h Leite | Brincar
13h Segunda Sesta (1.30h depois de ter acordado 1a. sesta)
14.30h Leite | Brincar
16.30h Terceira Sesta (2h depois da 2a. sesta - 45min.)
17.30h Leite
19h Banho | Leite (vice versa)
19.30h Bons sonhos! Hora de dormir 🙂
22.30h Leite dos Sonhos * OPCIONAL

*Leite dos sonhos = chama-se assim porque o bebé não pede para mamar, ou seja, mais ou menos antes dos adultos irem dormir, pegam no bebé que dorme no seu berço, colocam no peito para mamar ou dão o biberão de leite com ele meio adormecido. Mas qual é a vantagem? A grande vantagem é que habitualmente se o bebé mamar a esta hora, depois não tende a despertar pouco tempo depois para mamar. Por isso, no fundo o que estamos a fazer é a antecipar um pouco a mamada que seria entre as 24 e a 1h para um pouco mais cedo, para que os pais possam descansar mais horas seguidas. É conveniente que ainda assim o bebé arrote antes de o deitarem. A regra do mínimo barulho e luz mantêm-se.

Esta solução é opcional. Senão fizerem está tudo certo, se se sentirem confortáveis, façam e experimentem.

Importante: pode acontecer que na primeira noite o bebé acorde na mesma à hora do costume. Isto acontece porque ele está programado a acordar àquela hora. Façam um readormecer, sem leite (se ele tiver mamado pouco tempo antes – não é fome, foi o hábito programado que o fez acordar). Não desistam e continuem. Em breve verão que já dormem mais horas do que poderiam imaginar. 🙂

Rotina diária – Dos 5 aos 7 meses

8h Bom dia! Hora de Acordar 😊
8.30h Comer | Brincar
10h Primeira Sesta (2h depois de acordar)
12h Comer | Brincar
13.30h Segunda Sesta (2h depois de ter acordado 1a. sesta)
15.30h Comer | Brincar
17h Terceira Sesta (2h depois da 2a. sesta - 45min.)
19.30h Comer | Banho (vice versa)
20h Bons sonhos! Hora de dormir 😊

Rotina diária – Dos 8 até se levantar do berço

8h Bom dia! Hora de Acordar 😊
8.15h Pequeno-almoço | Brincar
10h Primeira Sesta* (2.30h depois de acordar)
12h Almoço | Brincar
12.30h Segunda Sesta (2.30h depois de ter acordado 1a. sesta)
15h Lanche | Brincar
19h Jantar
19.30h Leite* | Banho
20h Bons sonhos! Hora de dormir 😊

Rotina diária – Levanta do berço até estar na cama

8h Bom dia! Hora de Acordar 😊
8.30h Pequeno-almoço | Brincar
11.30h Almoço | Brincar
12h Sesta (normalmente cerca de 2h)
15h Lanche | Brincar
19h Jantar
19.30h Banho | História no colinho
20h Bons sonhos! Hora de dormir 😊

Tipos de Choro

TIPO DE SOM/CHORO	O QUE É ISTO?	O QUE ESTOU A QUERER DIZER?	O QUE PODEM FAZER POR MIM?	NOTAS
MANTRA	Som de embalo, vibração na garganta	"Um carneirinho, dois carneirinhos, três carneirinhos, etc."	Deixem-me sossegado	Estou numa boa ☺
RESMUNGAR	Som com a garganta, parece um conversar/palrar rabugento, com sons altos e baixos	"Eu por mim não dormiria agora, tenho as pestanas pesadas mas apetece-me ficar acordado"	Deixem-me sossegado	Mau maria... ☹

GRITAR COM CHAMAR	Não é choro, são gritos, puros e duros, "secos"	"Tirem- me daqui já ou eu não pararei de gritar até virem. Quem manda aqui sou eu"	Vão lá fazer o quê? O grito significa exigência e exigência gera birra	Estou a enervar-me.
CHORO GRITADO	Sinal claro de frustração	"Não é isto que quero"	Dar 5 minutos, para que a mensagem que chega não seja "sempre que fizeres isto, a mãe e o pai virão"	Estou frustrado.
CHORO CONTÍNUO E EMOCIONAL	Este choro é contínuo, intenso, com muitas lágrimas e momentos em que parece que se estão a engasgar	"Agora a sério, não estou a conseguir sozinho e isso está-me a deixar frustrado e muito irritado"	Vão lá ajudar. Quando um bebé/criança chora continuamente é porque está a precisar de vocês para o acalmar.	Estou descompensado.
CHORO GRITADO COM PAUSAS	Costuma ser quando eu quero dormir mas sei que se acalmar adormeço	"Eu estou cansado mas não vou desistir, eu não quero dormir"	STOP! Não se mexam, please. Eu estou numa luta com o João Pestana mas prestes a ceder. Aguardem só mais um pouco pode ser?	Estou a deixar-me dormir.

PARA QUE NÃO RESTEM DÚVIDAS

Como pode a Carolina ajudar a minha família?
Grande parte dos casos de sucesso nas famílias surgem da mentoria com duração de meses. Este acompanhamento garante que as famílias atinjam, para além dos resultados que procuram, uma consistência bem sólida e uma "bagagem cheia de ferramentas" preciosas para a vida em família.

Em que circunstâncias pode a Carolina ajudar a minha família?
Posso ajudar a sua família se:
- Estiver com dificuldades em exercer a sua autoridade como pai/mãe;
- Sente que está a perder/perdeu o controlo da situação na relação com o(s) seu(s) filho(s);
- Precisar de ajuda para entender em que pontos pode melhorar a sua performance como pai/mãe;
- Já não sabe o que fazer para recuperar o respeito do(s) seu(s) filho(s) por si;
- Tiver dificuldade em reconhecer os diferentes tipos de choro;
- Estiver exausto(a) porque o(s) seu(s) filho(s) não dorme bem;
- Se considera que perdeu a sua identidade e vida em detrimento do(s) seu(s) filho(s).

A terapia do sono exige deixar chorar?
Não! Há uma série de outras técnicas para resolver estes problemas de sono, que dependerão de um conjunto de fatores. São métodos suaves, que ajudam imenso o bebé a quebrar hábitos prejudiciais ao sono, assim como ensinam a adormecer por eles próprios. Mas atenção! Isso não significa que eles não "reclamem" a mudança. Conhecer a forma como os nossos filhos comunicam connosco é muito importante para os conhecermos melhor.

Em que idade é que os bebés devem dormir a noite inteira?
Todos os bebés são diferentes, mas os profissionais normalmente defendem que mais ou menos entre os 3/6 meses os bebés têm a capacidade de dormir de 8 a 12 horas seguidas.

Gostaria de continuar a amamentar Carolina, tenho de deixar por causa da terapia?
Não, de todo. Pode continuar a amamentar, mas em horários que não prejudique o sono, nem o seu, nem do seu filho.

Pela sua experiência, quanto tempo demora a ver progressos no sono dele?
Nos primeiros 3 dias, posso dizer que os progressos são consideráveis. Claro que depende muito da vossa consistência, compromisso e confiança. O processo depende muito mais de vocês do que dele.

Carolina, devemos fazer a mudança de quarto ao mesmo tempo que começamos a terapia? Não são muitas mudanças para ele de repente?
A mudança é mais sentida por vocês, acreditem. Contudo, deixo com vocês a decisão e aquilo que sentem. O processo funcionará bem das duas formas, sendo que se ele estiver no quartinho dele, tende a ser mais fácil e rápido a adaptação às mudanças. Nem sempre é fácil para eles perceber que vocês estão ali ao lado e não fazem aquilo que eles estão a pedir. Aconselho-vos a refletirem sobre isso antes de tomar a decisão. A minha opinião é que é bom para todos a mudança. Até o casal fica a ganhar. Se não quiserem que seja muito repentino tudo, comecem por colocar o filhote a fazer apenas as sestas no seu quarto e vão assim fazendo a mudança, gradualmente.

O que é ser "consistente"?
Fazer repetidamente a mesma coisa, para que ele saiba exatamente como vocês vão fazer e para que ele seja também consistente no seu comportamento. Isso acalma-os muito. Dá muita segurança a um bebé ou criança saber o que pode esperar a seguir. Sejam consistentes, sejam

metódicos e sistemáticos. Quer nas sestas, durante a noite ou idas para a caminha.

Carolina e a chucha? O que fazemos? Devemos tirar?
Tudo depende! O que é que vocês, pais, querem? Tirar? Não esperem que seja ele a dizer que já chega de chucha. Habitualmente, este tipo de decisão deve ser tomada por vocês.

Aqui ficam alguns conselhos em relação à chucha:
- Se quiserem retirar: escolham um dia e anunciem o que vai acontecer. Podem dar à escolha 2 opções viáveis para onde a chucha vai (ecoponto amarelo, enterrar no jardim - eu sou sempre muito real e não sou de inventar personagens de ficção que "roubam" chuchas e etc. - faz-me sentido que se seja real com eles). Nesse dia, no matter what, façam acontecer. Não substituam a falta dela por nada. Custa os primeiros dias e fica tudo bem a seguir. Força! Estava na hora já 😊
- Se for para manter o mais importante é que eles tenham a autonomia de pegar na chucha e colocarem eles próprios (especialmente a partir dos 6 meses). Proponho uma fitinha que segura na roupa e ao mesmo tempo a chucha. Muitos pais têm medo destas fitas, porque sentem que pode estrangular, não sendo segura. Então, sugiro que experimentem mais na zona da cintura, para que vejam que é seguro e não há a menor forma de alguma coisa

acontecer. E treinem durante o dia o colocar e o tirar, para que ele perceba onde pode encontrar a chucha a meio da noite ou até mesmo quando for dormir.

- Depois do treino diário feito, sugiro sempre que utilizem a chucha apenas para dormir.
- É sempre aconselhável que quando forem ao quarto não coloquem a chucha na boca. Colocar a chucha na mão vai fazer toda a diferença para ele desenvolver a autonomia que necessita para não vos chamar para irem lá colocar. Vai correr bem! ☺

Carolina e no caso de serem gémeos? Como sugere que façamos?

Já tive o prazer de ajudar duplamente uma família e que bom que é. Há questões aqui a considerar. Uma delas é se não compensa (havendo possibilidade) de os separar em dois quartos|espaços, nem que seja temporariamente para que um não perturbe o outro e os possamos juntar quando estiverem os 2 com um padrão mais definido. Senão for possível separá-los até por uma questão logística de organização de quartos e camas, tudo certo. Não faz mal. Vai acontecer na mesma. Aqui o barulho branco (o white noise) terá um papel bem importante na hora de deitar esses dois pequenos.

Aconselho também que a hora de deitar seja diferente para os dois. Que tenham entre 15 minutos a 30 de intervalo, entre um e outro, para que desta forma, a mãe|pai consiga também estar mais focada em apenas um, na hora de deitar.

Pode acontecer os gémeos terem diferentes estádios de desenvolvimento, por exemplo, um já se levanta do berço e o outro ainda não, nesse caso, respeitamos as técnicas que fizerem mais sentido consoante aquilo que eles já são capacitados de fazer. Por serem gémeos não significa que seja tudo igual, não é? ☺

Eu sei que vale duplamente a pena. Eu sei que conseguem e sei também a delícia que vai ser quando os deitar, ao mesmo tempo, no mesmo quarto e eles ficarem felizes da vida a dormir.

Força. Vamos a isso. Próximo passo: é começar. ☺

Estou grávida, há formas de prevenir a privação de sono?
Quer boas notícias? Então cá vai: SIM! SIM! E SIM! Há sim. É tão possível. Diria que o aspecto mais fundamental e precioso é a consciência de que os nossos atos têm consequências e que vale a pena cuidar deste lado do sono do seu filho, porque desta forma estão a cuidar de toda a família.

Vou deixar aqui então aquilo que serão as 7 fórmulas mágicas que são implacáveis na prevenção de problemas de sono. Confie. Acredite que é preferível começar desde o nascimento a descansar bem, do que passar por aquilo que tantas famílias vivem. Tem tudo nas suas mãos. Faça acontecer!

♡O swaddle ou saco de dormir é uma brilhante ajuda

O swaddle é excelente para evitar que o recém-nascido acorde com o movimento dos pés e braços e dá ao bebé uma sensação de conforto, relembrando-o muito do cenário dentro da barriguinha. A maior parte dos bebés sente-se muito confortável com o swaddle e vale a pena experimentar logo desde início. Eles passam também a associar ao momento de dormir, quase como se fizesse parte da sua "rotina de sono". Para além de que dispensa o uso de lençóis ou outras mantas em cima do bebé. Assim garantimos que o bebé fica seguro, confortável e quentinho.

♡Ajudar a distinguir o dia da noite

É muito normal e comum que o recém-nascido precise de algum tempo para "sincronizar" os horários e se adaptar ao dia e à noite em termos de sonos. É preciso alguma paciência nesta gestão. Eles chegam lá, claro. Mas a nossa ajuda para o conseguir de forma mais rápida e eficaz pode fazer uma boa diferença.
Proponho que durante o dia procurem que ele durma com bastante luz e até com barulho de exterior.
E que durante a noite haja o mínimo de luz possível. Acredito que

muitas vezes a luz de presença ou outro tipo de luz possa ser inibidora e não promotora de um bom sono, por isso, aconselho que não utilizem. A preparação para a noite deve ser feita com luzes médias\baixas e procurem falar mais baixinho e tranquilamente.

Depois desliguem-nas para que tudo fique o mais escuro possível. Assim que esta questão esteja resolvida e virem que o vosso bebé já descansa mais horas seguidas à noite e que de facto, já tem noção do dia (passando um período maior entre sestas acordado), podem começar a reduzir a luz também durante as sestas. Isto promove sempre um sono mais descansado e reparador.

♡Utilizar o colo para dormir

O bebé está finalmente nos braços da mãe e nos braços do pai, da avó, dos tios e de repente, todos lhe querem pegar. O recém nascido está ainda em modo "barriguinha", muito sonolento, um anjinho aos olhos de todos. Um sonho tornado realidade.

Contudo, aquilo que é a principal causa de um bebé não dormir bem são exatamente estas horas (deliciosas, bem sei) de colinho constante. Nos primeiros dias diria que é inevitável as vezes sem conta que adormece a mamar, no peito da mãe. E fica difícil deitá-lo no berço. "é tão bom, tê-lo nos meus braços". E deixamos ficar. A mãe ainda na maternidade, apesar do cansaço sente a adrenalina dos acontecimentos. E começa, aqui, neste momento, a traçar um caminho.

Lembrem-se sempre da importância que tem o recém-nascido adormecer o mais possível e sempre que possível descansadinho no seu berço.

Este passo é exactamente o que falta dar quando as famílias me contactam para as ajudar. Digamos que é a razão deste livro existir. Por isso, tem nas suas mãos a oportunidade de prevenir ao invés de tratar. Faça isso. Compensa tanto!

♡Introduzir rotina diária e rotina de sono

Nos recém-nascidos tudo fica mais imprevisível: ora dormem 5horas seguidas, ora passam 2 horas acordados a meio da noite. Mas a importância de começar desde cedo, no primeiro mês a introduzir uma rotina só traz vantagens para pais e bebé. Quem marca o passo dessa rotina é, na maior parte das vezes, o horário das mamadas, ou então o horário das sestas.

Muitas vezes dizemos que "é muito pequenino para ter uma rotina", contudo e relativamente a uma boa higiene do sono, baseada num bebé que adormece sozinho no seu berço, eu diria que a partir dos primeiros dias de vida é importante amamentar quando for a hora, sempre que possível assim que ele acorda, evitando que volte a adormecer.

Ou seja, recém-nascido acorda, mama (se for o timing certo e fizer sentido ou ele estiver a pedir), tem um tempo de mimice com os familiares, eventualmente mudar a fralda e deitar de novo.

♡Distinguir os choros/sons do bebé

É fundamental que se reconheça o choro\som do género feito pelo bebé como forma de comunicação. Quanto mais cedo fizermos isto, mais fácil fica respondermos da melhor forma ao nosso bebé e às suas necessidades.

É muito comum chamar de choro a todos os sons que o bebé faz. O que tende a dificultar a nossa missão enquanto mães ou pais.

Embora na altura do nascimento os bebés tenham a tendência a ser mais "dramáticos", no sentido em que escalam o choro com bastante rapidez e o som é bastante estridente. Contudo, comecem a ganhar consciência e atenção àquilo que ele vos quer dizer e transmitir. Isto vai fazer toda a diferença na vossa relação. Nunca se esqueçam que o choro é comunicação.

♡Serem pais tranquilos e seguros

Não há nada melhor para um recém-nascido, bebé, criança, adolescente, diria até que adulto, do que ser acompanhado por pais tranquilos e seguros. Pais que mantêm a calma mesmo quando o bebé está a fazer uma birrinha e ninguém sabe bem o que pode ser. Pais que não respondem no automático e não são re-activos. Pais calmos promovem bebés mais calmos também. Vão haver alturas de apetecer puxar cabelos, outras que pensamos por segundos "o que é que eu fiz da minha vida?". ATENÇÃO! Nestes momentos, afastem-se do local, deleguem tarefas e funções, peçam logo ajuda. Está tudo certo e é possível que isso possa acontecer. Está tudo certo. O essencial é o foco em manter essa calma para que tudo se resolva rapidamente. Nunca se esqueçam, o vosso bebé sente tudo o que vocês estão a sentir. Relaxem, respirem fundo! Compensa.

♡Toca a descansar pais

Pode ser bastante importante que nestes primeiros meses, os pais descansem durante o dia. Que procurem dormir ou descansar enquanto o bebé dorme também.
Há muitos relatos de pais que dizem que desde que o bebé nasceu nunca mais conseguiram dormir relaxadamente, porque têm vários medos. Mas relaxem. Vá lá! Está tudo certo. Ele precisa de vocês descansados para que mantenham os vossos níveis de paciência e boa disposição, assim como a vossa memória e a vossa capacidade de tomar decisões. Precisamos todos da vossa energia fantástica e da vossa alegria e o sono ajuda muito nisso. Deêm prioridade a isso.

Última nota (prometo!) nunca se esqueçam que dormir é tão importante como comer! Bom descanso, bons sonhos.

Ainda resta alguma dúvida? ☺

Escrevam-me para **carolina@carolinavalequaresma.com**.

QUEM É A CAROLINA

Pais, eu sei que devem estar mega curiosos para conhecer e saber quem é a Carolina Vale Quaresma, para mim e para os miúdos mais chegados: tia Carolina.

A Carolina nasceu em 1900 e troca o passo, penso que foi 86. Ela diz que foi ano de boa "colheita", não faço ideia o que é isto, mas se ela diz eu confio. E viveu sempre numa vila pequenina no centro de Portugal. Estudou na cidade mais alta de Portugal, a Guarda. Pai, fiquei a pensar: será mais alta que tu esta cidade? A cidade dos 5 efes, sendo que um deles é FRIAAAAAAAAAAAAAAAAA. Que horror.

Lá estudou e tirou Animação Sociocultural, com o sonho de abrir uma Quinta Pedagógica, onde conseguiria conciliar as suas maiores paixões: animais, bebés, crianças e família.

Ela é uma sonhadora. Mas fez aqui uma troca de sonhos. Colocou o da Quinta Pedagógica numa gaveta (quem sabe uma dia ainda concretize) por ir viver para a Austrália. A Carolina queria mesmo era ir para a Austrália. Não sabia bem como, mas depois pensou "vou mas é para Inglaterra aprender inglês e pode ser que fique mais perto do sonho.

Acredito que sim". Posto isto, de malas e bagagens foi até Londres. Também adorava ir visitar Londres. Quem sabe um dia.

Um ano depois, mudou-se então para onde? Para a Austrália, claro. Estava-se mesmo a ver que ela ia cumprir o sonho. Viveu lá 4 anos e meio. Uma vida!

Esta experiência mudou-lhe a vida para sempre. Esta Tia Carolina trabalhou em dezenas de famílias e acompanhou bem de perto, todas elas. O cenário era de ficar de "cabelos em pé" como ela conta: "Famílias de rastos, muito exaustas. Famílias perdidas, sem Norte. Pais cansados de serem pais e filhos cansados de serem filhos."

A experiência lá foi tão tão intensa que a Carolina, que queria ter uma família tão grande quanto uma equipa de futebol, chegou a dizer que se a família era "isto" então: "eu não quero ter família, eu não quero ser mãe". WOW. Isto mostra bem como foi a temporada por lá.

Decidiu, depois de muito pensar e até de testar comportamentos e muita análise, tentar perceber que afinal havia soluções que os pais desconhecem e que podem fazer toda a diferença na vida deles. Realmente, há imensas estratégias que podemos utilizar para que a vida com os mais pequenos fique bem mais fácil e menos cansativa (graças a Deus, como diz a avó).

Então, um dia a Carolina disse "vou ajudar as famílias do mundo, mas vou começar pelas do meu país e vou para junto da minha família".

Antes disso, lá foi ela cumprir outro sonho guardado na gaveta: voluntariado internacional. A ideia era Índia mas os contactos trocaram-lhe as voltas e acabou por ir parar ao Cambodja. Felizmente! 3 meses de aventura pela Ásia, com imenso enriquecimento pessoal. E assim andou esta Senhora, de um lado para o outro, a crescer, a crescer, a crescer e a crescer.De regresso a Portugal, com o projeto Carolina Vale Quaresma - Terapeuta Familiar, com o sonho de ajudar famílias a construir casas mais felizes e um Mundo melhor.

Profissionalmente começou a trabalhar muito cedo e sempre com crianças nos mais variados contextos. Hoje conta com 15 anos de experiência com crianças e famílias. Absorveu durante todos estes anos imensa informação e conhecimento, muito mais do que se tivesse estado sentada numa sala de aula a estudar autores (com todo o respeito às escolas e salas de aula). Esta escola da vida foi muito forte, muito reveladora.

A Austrália foi, sem dúvida, um curso intensivo de experiências com famílias que a ajudou imenso na sua formação pessoal e profissional. Adicionalmente trabalhou em famílias de várias culturas em Portugal, Inglaterra e França. À parte da licenciatura em Animação Sociocultural, formou-se também na Austrália em Early Childhood Education and Care e Business Management, e tornou-se Sleep Consultant, através de uma formação certificada nos Estados Unidos da América.

A tia Carolina diz *"Sinto que há uma enorme urgência e necessidade em ajudar as famílias a viver a parentalidade com menos culpa, menos ansiedade, dramas e medos. A começar pela qualidade das suas noites, depois dos seus dias. A parentalidade é uma coisa muito boa"*.

Quer seja na introdução às rotinas de sono, adequadas para cada família e criança, quer seja na gestão de comportamentos, com o objetivo de colocar fim às faltas de respeito por parte dos filhos com os pais, é sua missão tornar as famílias mais felizes, com laços fortes de respeito através do equilíbrio entre Amor e Limites.

Acompanhem o trabalho da Carolina no Instagram, Facebook,
YouTube e no site **www.carolinavalequaresma.com**

Podem ainda enviar-lhe uma mensagem para
carolina@carolinavalequaresma.com

PARTILHA

Querida Família,

Não imaginam o quanto eu desejo que a vossa família esteja e seja para sempre uma família mais descansada e que as noites de "terrores noturnos" tenham ficado para trás das costas.

Tenho uma admiração e orgulho gigantes por vocês. Obrigada!

Se atingiram os resultados que procuravam, convido-vos a partilhar a vossa experiência, os vossos resultados e vitórias em
www.carolinavalequaresma.com
e coloquem o **#familiafelizcomcarolina** no instagram

Vou adorar receber o vosso feedback e saber como correu na vossa família. 🙂

Obrigada por tudo e vemo nos em breve 🙂

Beijinho do tamanho do Mundo,

Carolina

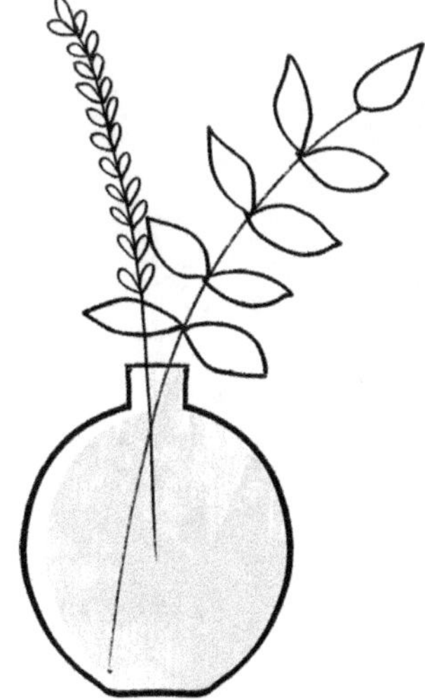

UM MIMINHO DA CAROLINA

Família mais querida,

Gosto de vos mimar. Decidi, por isso, oferecer-vos um miminho especial.

Ficariam mais seguros se me vissem a fazer as técnicas? E se eu vos disser que têm essa oportunidade, seria uma boa notícia?

Pois eu quero dizer-vos que terão essa EXCELENTE oportunidade, mas com um presentinho para esta família linda.

Recebam estes 10% de desconto na subscrição "Ajudar a adormecer sozinho", onde estarei ao vivo e a cores a representar todas as técnicas. Tenho a certeza que vos ajudará muito no processo. ☺ Parece-vos bem?

E é simples, basta ir ao meu site www.carolinavalequaresma.com e no menu principal selecionar "Livros". Aqui encontrarão o acesso a esta subscrição: "Ajudem-me Pais, Quero Dormir!". Ao comprarem coloquem o cupão "QUERO DORMIR" para usufruírem dos 10% de desconto.

Alguma dúvida, ou dificuldade, é só contactarem-nos nas redes sociais ou via e-mail.

Sei a importância que tem para vocês o cuidado e o bem-estar da vossa família. Sei que tudo valerá a pena.

Vemo-nos em breve, estou certa disso!

Beijinho bem grande,

Carolina

www.ingramcontent.com/pod-product-compliance
Lightning Source LLC
Chambersburg PA
CBHW061325120726
48001CB00002B/704